도전!
플라스틱 제로

나디네 슈베르트 글 · 잉카 비그 그림 · 김완균 옮김

푸른숲주니어

차례

플라스틱의 또 다른 이름, 합성수지 4
쓰면 쓸수록 줄어든다고요? ▶▶▶ 6
돌고 돌아요, 재활용 쓰레기 ▶▶▶ 8
여기도 플라스틱, 저기도 플라스틱! ▶▶▶ 10

플라스틱을 줄여 봐요, 우리 집 먼저 12
부엌 : 쓰고 또 쓰기 ▶▶▶ 14
방 안 : 서로 바꿔 쓰기 ▶▶▶ 18
욕실 : 가려 쓰고 골라 쓰기 ▶▶▶ 22

도전! 플라스틱 덜 쓰는 교실 30
플라스틱 물병 No! ▶▶▶ 32
책가방 속 환경 지킴이 ▶▶▶ 36

눈에 보이지 않는 위협, 미세 플라스틱 40

동물에게 치명적인 플라스틱 42

플라스틱 없는 세상을 꿈꾸며 44
식당에서도 플라스틱 쓰레기를 줄일 수 있어요! ▶▶▶ 46
환경의 또 다른 적, 교통수단 ▶▶▶ 50

이산화 탄소가 기후를 바꿔요! 56

누가 누가 이산화 탄소를 많이 내뿜을까요? ▶▶▶ 58
이산화 탄소 줄이기, 우리도 할 수 있어요! ▶▶▶ 62

지구가 점점 더 뜨거워져요! 64

날씨는 어떻게 생겨날까요? ▶▶▶ 66
이상 기후의 주범, 지구 온난화 ▶▶▶ 68

친환경 장난감 만들기 74

조물락조물락 슬라임 ▶▶▶ 76
반짝반짝 마법 모래 ▶▶▶ 78
보글보글 거품 입욕제 ▶▶▶ 80
알록달록 크리스마스트리 장식 ▶▶▶ 82

통조림 캔 소품 만들기 84

누구나 녹색 영웅이 될 수 있어요! 87

플라스틱의 또 다른 이름, 합성수지

합성수지가 뭐예요?

플라스틱을 다른 말로 '합성수지'라고 불러요. 합성수지는 모양이나 성질이 천연수지(소나무나 전나무에서 나오는 진)와 비슷하지만, 화학적으로는 전혀 다른 물질이에요. 대체로 가볍고 튼튼하며 전기가 통하지 않아요. 녹슬거나 썩지도 않고요.

플라스틱을 석유로 만든다고?

석유는 땅속에서 퍼 올린 기름이에요. 대부분은 자동차와 비행기, 배 등 교통수단의 연료로 쓰이거나 집과 건물의 난방을 하는 데 사용하지요. 공장이나 농가에서 에너지 생산용 연료로도 이용된답니다. 그리고 화장품이나 비누, 합성 섬유, 살충제 등 석유 화학 제품을 만드는 데도 쓰여요. 플라스틱도 그중 하나예요. 쓰임새가 정말 다양하지요?

그런데 땅속에 묻혀 있는 석유를 계속해서 퍼 올려 쓰다 보면 언젠가는 바닥이 나고 말아요. 땅속에 묻혀 있는 양이 정해져 있으니까요. 그러면 어떻게 될까요? 자동차는 멈춰 서게 되고, 방 안을 더 이상 따뜻이 데울 수 없겠지요?

플라스틱을 식물로 만들면?

감자나 사탕수수, 옥수수로 만든 플라스틱을 '바이오 플라스틱'이라고 해요. 흙에 있는 세균에 의해 분해되니까 쓰레기가 쌓일까 봐 걱정할 필요 없어요. SK지오센트릭, CJ제일제당, LG화학 등 우리나라 기업에서도 제품을 생산하고 있지만, 아직은 전체 플라스틱의 1% 정도밖에 대체하지 못한답니다. 일상생활에서는 옥수수 빨대와 다시마 백, 두부 포장재 등으로 쓰이고 있어요. 기존 플라스틱을 빠르게 대체하지 못하는 이유는 열에 약하고, 방수 기능이 떨어지며, 가격이 기존 플라스틱보다 두 배 이상 비싸기 때문이라고 해요.

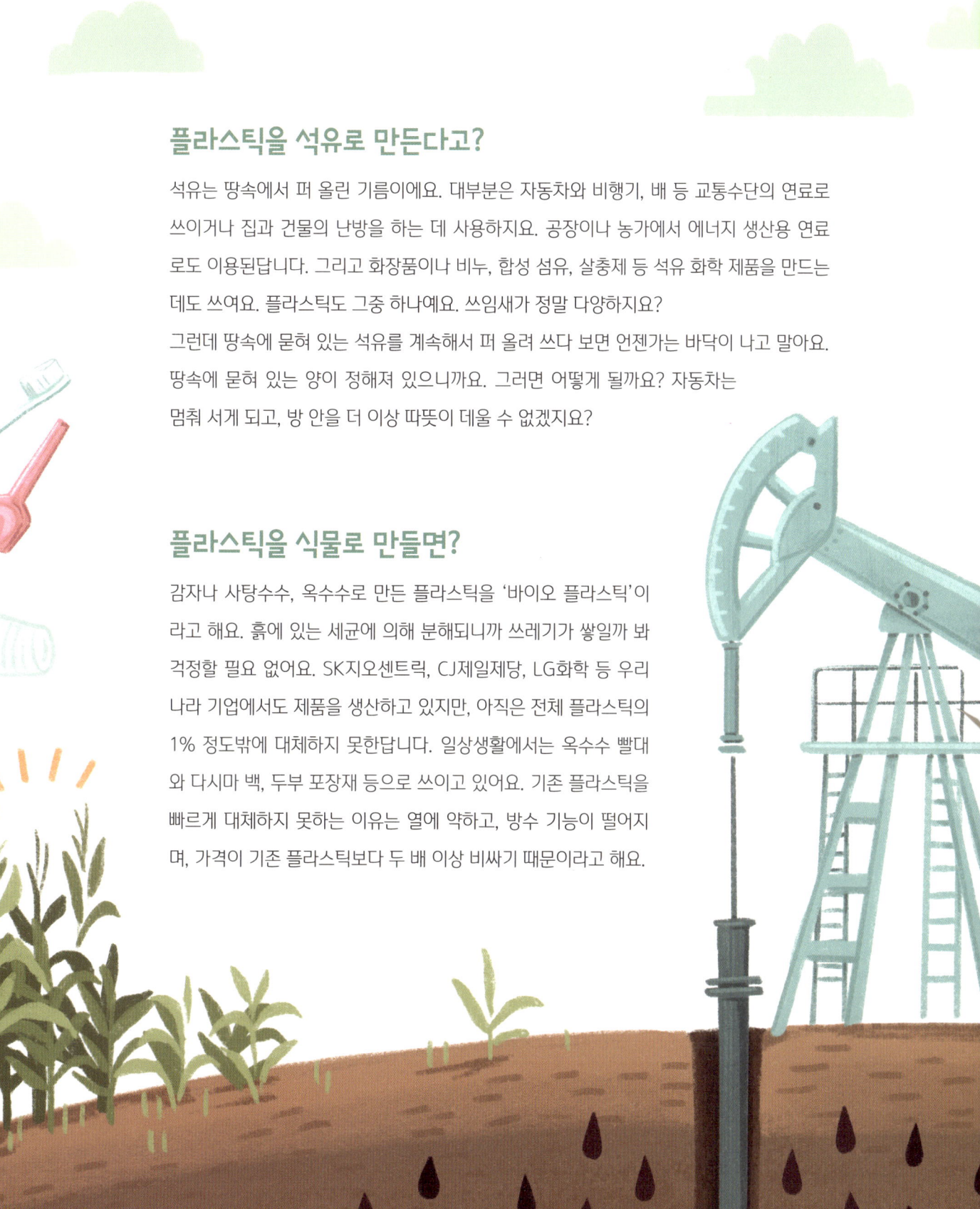

쓰면 쓸수록 줄어든다고요?

지구에는 식물처럼 계속 자라나거나 물처럼 자꾸 생겨나는 원료들이 있어요. 하지만 땅속에 묻혀 있는 것들은 그 양이 정해져 있지요. 그래서 우리가 사용하면 할수록 그 양이 줄어든답니다.

동물은 새끼를 낳고, 식물은 싹을 틔워요. 그렇게 해서 새로운 생명이 태어나고 자라지요. 이 가운데서 식물은 이산화 탄소를 흡수하고 산소를 배출해 온실 가스를 줄여 주어요. 온실 가스는 이산화 탄소와 메탄, 이산화 질소, 프레온, 오존 등을 가리키는데요. 대기를 오염시켜 지구 온난화를 일으키는 주범이에요. 석유나 석탄 등 화석 연료를 많이 써도 온실 가스가 늘어나요. 지구의 환경을 지키기 위해서는 화석 연료의 사용을 줄여야겠지요? 아, 참! 동물과 식물뿐 아니라 물도 계속해서 재생이 되는 원료예요. 비와 눈이 되어 자꾸자꾸 생겨나니까요.

하지만 계속 자라거나 자꾸 생겨나는 물과 달리, 꺼내 쓸 수 있는 양이 딱 정해져 있는 원료도 있어요. 석유가 가장 대표적이에요. 휴대 전화나 컴퓨터를 만드는 데 쓰이는 금과 코발트도 양이 제한되어 있지요. 땅속에 묻혀 있는 걸 다 쓰고 나면 더 이상 사용할 수가 없어요. 이렇게 자연에서 저절로 생겨난 물질을 '천연 자원'이라고 해요. 양이 정해져 있다는 뜻에서 '유한 자원'이라고도 하고요. 천연 자원이 언제쯤 바닥이 날지는 정확히 알 수 없어요. 하지만 끝없이 나오는 게 아니니까 조금씩 아껴 써야겠지요?

돌고 돌아요, 재활용 쓰레기

더 이상 쓸모가 없어서 버리는 것들을 '쓰레기'라고 해요. 쓰다 만 종이, 먹고 남은 음식, 플라스틱 포장재, 고장 난 장난감 등등 아주 많지요. 그러나 쓰레기라고 해서 다 쓸모 없는 건 아니에요.

종이 쓰레기가 한데 모여 있어요.

새로 나온 제품을 부지런히 사용해요.

재활용의 명수, 종이 쓰레기

종이는 분리수거함에 따로 모아 버려야 해요. 그러면 여러 과정을 거쳐 새 종이가 된답니다. 신문, 공책, 스케치북, 화장지, 종이 상자 등으로 다시 만들어지거든요. 종이는 최대 일곱 번까지 신문지로 사용할 수 있어요. 그런 다음에는 태워 없애야 하지요.

종이 쓰레기를 기계로 눌러 네모나게 만들어요.

종이 쓰레기를 재활용해서 화장지나 종이를 생산해요.

흙으로 바뀐다고? 음식물 쓰레기

혹시 빵에 곰팡이가 핀 것을 본 적 있나요? 곰팡이는 종류가 매우 많은데요. 가장 흔한 건 푸른곰팡이예요. 빵에서 파란색 잔털이 보이지요? 시간이 더 지나면 빵이 완전히 뭉개져 흙으로 변하게 된답니다. 텃밭의 퇴비 더미에서도 똑같은 일이 일어나요. 대부분의 음식물 쓰레기는 대형 퇴비 처리 시설로 옮겨지는데, 그곳에서 완전히 썩어 화분용 흙으로 바뀌지요.

여기도 플라스틱, 저기도 플라스틱!

플라스틱 병이 어떻게 생겼는지는 다들 알고 있지요? 그런데 과자 봉지에도 플라스틱이 쓰인다는 걸 알고 있나요? 이처럼 우리 주변에는 플라스틱으로 만든 것인지 알아채기 힘든 제품도 많이 있어요. 바로 다음과 같은 것들이지요!

뚜벅뚜벅 신발

운동화를 한번 살펴볼까요? 바닥에 고무 밑창이 깔려 있지요? 이런 고무는 무엇으로 만들까요? 고무에는 두 가지 종류가 있어요. 하나는 천연고무이고, 다른 하나는 합성 고무예요. 천연고무는 끈적끈적한 액체인데, 고무나무에서 흘러나와요. 반면에 합성 고무는 석유를 원료로 써요. 운동화의 고무 밑창이랑 반들반들한 고무장화 모두 합성 고무로 만든답니다.

가소제가 뭐예요?

합성수지나 합성 고무 같은 고체를 부드럽게 만들기 위해 섞는 물질이에요. 어떤 물건이 말랑말랑하다면 그만큼 가소제를 많이 넣은 거예요. 그런 물건은 사지 않는 게 좋겠지요.

질겅질겅 껌

편의점에 가면 알록달록한 색깔의 껌들이 있지요? 씹을수록 쫄깃쫄깃해지는 게 바로 껌의 매력이에요. 참, 껌 하나에는 비닐봉지 하나에 들어 있는 양만큼이나 많은 플라스틱이 들어 있다는 걸 아나요? 그러니까 절대로 삼키면 안 돼요! 자칫하다간 배 속이 플라스틱으로 가득 찰지도 모르거든요. 껌을 꼭 씹고 싶다면 천연고무로 만든 걸 찾아보도록 해요.

말랑말랑 슬라임

미끈미끈하고 끈적끈적한 슬라임은 인기가 무척 높아요. 몰캉몰캉해서 주물럭거리며 놀기에 좋지요. 벽에다 던지면 착착 달라붙어서 신기하기도 하고요. 무엇보다 알록달록한 색깔이 정말 예뻐요. 그런데 슬라임도 석유로 만들어요. 부드럽게 만들기 위해 가소제도 넣지요. 그래서 너무 오래 가지고 놀면 건강에 해롭답니다. 이참에 슬라임을 직접 만들어 보는 건 어떨까요? 아, 어떻게 만드냐고요? 78쪽을 살펴보아요.

보들보들 옷감

우리가 입는 옷은 무엇으로 만들까요? 많은 사람들이 그냥 천으로 만들 거라고 생각해요. 그런데 어떤 옷감은 플라스틱으로 만든답니다. 옷 속에 붙어 있는 꼬리표를 보면 바로 알 수 있지요. '섬유의 조성 및 혼용률'에 '폴리에스터'라고 적혀 있거든요. 요즘에는 사용하고 버린 플라스틱 병으로도 폴리에스터를 만들어요. 그렇다고 환경에 좋은 것은 아니지요. 폴리에스터로 만든 스웨터를 세탁기에 넣고 빨면 플라스틱 섬유가 많이 씻겨 나오거든요. 그렇게 해서 빠져나온 플라스틱 섬유는 배수관을 통해 강으로 흘러 들어가요.

폴리에스터가 뭐예요?

플라스틱으로 만든 옷감이에요. 목화와 달리, 자연에서 자라지 않아요. 아마 여러분도 이미 본 적이 있을 거예요. 매우 가느다란 실이라는 뜻으로 '극세사(마이크로파이버)'라고도 불러요. 주로 운동복, 침대보, 수건, 청소용 걸레, 스키복을 만드는 데 사용되지요. 또, 겨울철 패딩의 충전재로도 쓰이고요.

플라스틱을 줄여 봐요, 우리 집 먼저

플라스틱이 다 나쁜 건 아니라고요?

플라스틱은 집 안 곳곳에서 찾아볼 수 있어요. 부엌, 욕실, 그리고 방에서요. 우선 슈퍼마켓에서 플라스틱으로 포장된 식품을 구입하지요. 플라스틱으로 만든 칫솔로 이를 닦고요. 또, 방에는 플라스틱 장난감이 아주 많아요. 그런데 이게 다 나쁜 걸까요? 집 안에 있는 플라스틱을 모두 없애야만 하는 걸까요? 꼭 그렇지는 않아요. 플라스틱에도 좋은 플라스틱과 나쁜 플라스틱이 있거든요.

부엌 : 쓰고 또 쓰기

플라스틱 통이라고 해서 무조건 쓰레기는 아니에요. 계속해서 사용할 수 있으니까요. 그렇지만 부엌에는 한 번 쓰고 버려지는 것들이 아주 많아요.

비닐 랩 vs. 밀랍 랩

랩은 보통 먹다 남은 음식이나 채소를 싸서 보관하거나 음식이 담긴 그릇을 감싸는 데 써요. 투명한 필름 모양의 비닐 랩은 어느 집에서나 쉽게 찾아볼 수 있지요. 그런데 헌 옷과 밀랍으로 랩을 만들 수 있다는 걸 아나요? 밀랍은 '벌집'을 말하는데요. 가공된 제품을 마트에서 쉽게 구할 수 있어요. 헌 옷을 잘라 밀랍을 듬성듬성 뿌린 뒤, 다 녹을 때까지 다리미로 꾹 눌러 주어요. 이렇게 만든 밀랍 랩은 물로 씻어서 여러 번 쓸 수도 있답니다. 랩 대신 접시로 그릇을 덮어 놓는 것도 좋은 방법이에요.

키친타월 대신 행주로!

행주 대신 일회용 키친타월을 쓰면 아주 편리해요. 한 번 쓴 다음에 휙 버리면 되니까요. 그런데 키친타월을 만들기 위해선 아주 많은 종이가 필요해요. 종이는 나무로 만든다는 거 알고 있지요? 그만큼 숲에서 나무가 사라지는 거예요. 이제부터 물컵이 엎어져서 물을 닦을 때 행주를 사용하는 게 어때요? 입에 음식물이 묻었을 때는 수건으로 닦아 내고요.

빨대는 이제 그만!

아직도 플라스틱 빨대를 사용한다고요? 사실 빨대 없이도 음료를 마실 수 있잖아요! 그래도 굳이 빨대가 필요하다면 볏짚이나 유리, 또는 스테인리스로 만든 빨대를 사용해 봐요. 유럽에서는 2021년부터 플라스틱 빨대의 사용을 금지하고 있다지요.

다 같이 실천해 봐요!

부엌에는 한 번 이상 사용하는 플라스틱 제품이 많아요. 일회용품이 아니라고 해서 건강에 좋은 건 아니지요. 눌어붙는 걸 막기 위해 코팅 처리된 프라이팬이나 플라스틱으로 만든 뒤집개와 주걱에는 해로운 물질이 들어 있어요. 불에 올려놓고 요리를 하면 뜨겁게 달궈져서 유해 물질이 더 빨리 빠져나오게 되어요. 그러면 우리는 유해 물질과 함께 음식을 먹게 되지요. 엄마나 아빠에게 무쇠나 스테인리스로 만든 프라이팬을 사용하도록 권해 보는 건 어떨까요? 플라스틱 주걱 대신 나무 주걱을 사용하고요.

음식물 쓰레기를 줄여요!

부엌에서는 음식을 만들고, 또 먹기 때문에 쓰레기가 많이 나와요. 하지만 다 같이 노력하면 얼마든지 줄일 수 있어요!

1. 먹고 싶은 만큼만 그릇에 덜어요. 일단 생각한 것보다 조금 덜 담아 보아요. 다 먹어도 배가 고프면, 그때 더 담아 먹으면 되니까요.

2. 감자, 오이, 당근은 오래되면 물러지고 쪼글쪼글해져요. 그럴 때는 하룻밤 정도 물에 푹 담가 두어요. 그러면 물을 빨아들여서 다시 탱글탱글해진답니다.

3. 사과에도 멍이 든다는 걸 아나요? 우리도 어딘가에 무릎을 부딪히면 시퍼렇게 멍이 들잖아요. 사과를 세게 짓누르거나 땅에 떨어뜨리면 갈색 반점이 생겨요. 그렇게 작은 상처가 났다고 해서 사과를 버리지는 말아요. 상처 난 부분만 도려내면 아주 맛있게 먹을 수 있으니까요. 사실 통째로 먹어도 전혀 상관없어요.

방 안 : 서로 바꿔 쓰기

여러분의 방은 어때요? 아마도 장난감이 잔뜩 널려 있겠지요? 그중에는 나무로 만든 장난감도 있고, 플라스틱으로 만든 장난감도 있을 거예요. 레고 블록이나 마론 인형도 있겠지요? 혹시 보드게임도 있나요? 짠, 반가운 소식이 하나 있어요! 어떤 장난감이든 즐겨 사용한다면 계속 갖고 있어도 돼요.

좋은 장난감은 고장이 나지 않아요. 레고 블록이나 플레이 모빌이 대표적이지요. 깨끗하게 씻기만 하면 몇 번이고 사용할 수 있잖아요. 더 이상 갖고 놀고 싶지 않을 땐 다른 사람에게 넘겨주면 되고요.

나쁜 장난감은 수명이 오래가지 않아요. 패스트푸드 음식점에서 사은품으로 나눠 주는 장난감들이 그렇지요. 싸구려 플라스틱 장난감은 쉽게 망가지고, 한번 고장 나면 고쳐 쓰는 게 불가능해요. 그래서 그냥 쓰레기통에 버리게 되어요.

장난감에서 이상한 냄새가 나는 경우도 많아요. 만약 플라스틱 냄새가 난다면, 그 장난감은 더 이상 사용해서는 안 돼요. 플라스틱에서 나오는 증기는 몸에 매우 해롭거든요. 코와 입과 피부를 통해 피 속으로 흘러 들어갈 수도 있어요!

친구들과 장난감을 바꿔 놀아요!

꼭 사지 않아도 새로운 장난감을 가질 수 있는 방법이 있어요. 친구들에게 장난감을 서로 바꿔서 놀자고 제안해 봐요. 어쩌면 보드게임, 마론 인형, 레고 블록, 또는 콘솔 게임을 빌릴 수 있을지도 몰라요.
한 달에 한 번씩 친구와 장난감을 바꿔 가며 논다면, 늘 새 장난감을 가지고 있는 것이나 마찬가지겠지요? 그것도 완전히 공짜로 말이죠!

무엇보다 전기를 아껴 써야 해요. 켜기·끄기 스위치가 있는 멀티탭 콘센트를 사용해 봐요. 밤에 잠을 잘 때는 멀티탭 전원을 끄는 거예요. 대기 모드에서도 전자 기기들은 전기를 많이 쓰거든요. 전기를 아끼기 위해 무엇을 할 수 있을지 더 고민해 볼까요?

다 같이 실천해 봐요!

쓸데없는 것들은 모두 버려요! 먼저, 커다란 상자 하나를 준비하세요. 그 상자 안에 오랫동안 사용하지 않은 장난감을 모두 담은 뒤, 사 주 동안 그대로 놓아두어요. 그사이 혹시라도 갖고 놀고 싶은 장난감이 생기면, 그것만 꺼내 오면 돼요.
사 주가 지난 후에도 장난감이 여전히 상자 안에 남아 있다면? 필요한 사람에게 선물하거나 팔면 되지요. 여러분한테는 그 장난감이 더 이상 필요하지 않다는 것을 알게 되었으니까요.

욕실 : 가려 쓰고 골라 쓰기

욕실에는 플라스틱이 꽤 많아요. 비누, 샴푸, 린스……. 이것들은 모두 플라스틱 병에 담겨 있어요. 치약과 칫솔도 마찬가지랍니다.

양치질은 나무 칫솔로!

혹시 나무로 만든 칫솔이 있다는 걸 아나요? 크기도 다양하고, 색상도 다채롭지요. 나무 칫솔은 분해가 잘되어서 환경을 보호하는 데도 아주 좋아요. 누구든 자신의 칫솔을 쉽사리 알아볼 수 있도록 이름을 새겨 넣을 수도 있고요.
다 사용한 칫솔은 머리 부분을 부러뜨려 모는 일반 쓰레기로 버리고, 대 부분만 땅에 묻으면 친환경 방식으로 처리가 가능해요.

알약처럼 생긴 치약이 있다고?

알약 치약은 상점에서 쉽게 살 수 있어요. 대개 유리병에 담겨 있지요. 알약 치약을 입에 넣고 와작 깨물어요. 그러면 치약이 잘게 부서지겠지요? 칫솔로 부서진 치약을 쓱쓱 문지르면 사르르 거품이 나요. 이제 열심히 양치질을 하면 끝이에요. 아, 치약에서 딸기처럼 달콤한 맛이 날 수도 있어요. 박하처럼 시원한 맛이 날 수도 있고요.

씻을 때는 고체 비누를!

손을 씻고, 머리를 감고, 샤워나 목욕을 할 때는 병에 담긴 물비누가 아니라 동그랗거나 네모난 고체 비누를 사용하는 것이 좋아요. 플라스틱 병에 든 샤워 젤보다 훨씬 오랫동안 사용할 수 있거든요. 좋아하는 향을 고를 수도 있고요.

샤워 젤은 쓰레기를 많이 만들어요. 평균적으로 한 사람이 일 년에 11병의 샴푸와 샤워 젤을 사용한다고 해요. 엄마, 아빠, 그리고 두 명의 자녀가 있는 4인 가정이라면 일 년에 무려 44개의 플라스틱 병이 쓰레기로 버려지는 셈이지요.

문제는 그것만이 아니에요. 그런 제품에는 플라스틱이 들어 있기도 하거든요. 우리 눈에는 보이지 않지만요. 이처럼 눈에 보이지 않지만 액체 속에 들어 있는 플라스틱을 '폴리머'라고 불러요.

폴리머가 뭐예요?

합성수지와 합성 고무, 셀룰로오스 등을 폴리머라고 불러요. 기저귀와 생리대, 습기 제거제, 화장품 등에 쓰인답니다. 물에 잘 녹는 것, 약간 녹는 것, 안 녹는 것 등 종류가 매우 다양한데요. 화장품을 예로 들면 잘 녹는 것은 에센스와 로션에, 잘 안 녹는 것은 파운데이션과 선크림에 쓰여요. 폴리머는 피부에 막을 만들어 덮어 버리기 때문에 건강에 매우 해로워요. 노폐물을 밖으로 내보내지 못하게 하거든요.

그뿐만이 아니에요. 폴리머를 함부로 사용하면 환경에 심각한 문제를 일으켜요. 샤워를 하거나 손을 씻을 때 폴리머가 거품과 함께 배수구로 흘러 들어가 하수 처리장으로 가게 돼요. 하수 처리장은 물에서 더러운 것을 걸러 내는 곳인데, 폴리머는 물과 함께 아주 작은 그물망을 싹싹 빠져나가서 걸러 낼 수가 없다지요. 심지어 미생물에 분해가 되지 않는다고 하니, 그대로 영원히 썩지 않고 자연 속에 머물게 돼요.

이런 제품들에 폴리머가 많이 들어 있어요!

선크림

샤워 젤

헤어스프레이

샴푸

화장품

목욕보다는 샤워를!

비누 거품을 내거나 양치질을 할 때는 수도꼭지를 잠그는 것이 좋아요. 샤워 중에도 비누칠을 할 때는 마찬가지예요. 그리고 욕조에서 목욕을 하기보다는 샤워를 하는 것이 물을 훨씬 더 많이 아낄 수 있어요. 목욕을 하기 위해 욕조를 채우려면 보통 120리터 정도의 물이 필요하다고 해요. 하지만 샤워를 할 때는 40리터가량의 물만 있으면 충분하다지요.

다 같이 실천해 봐요!

액체 플라스틱을 찾아봐요!

샴푸나 샤워 젤이 담긴 병의 뒷면을 보면 그 안에 어떤 성분이 들어 있는지 자세히 적혀 있어요. 다음 세 단어 중 하나라도 보인다면 액체 플라스틱이 들어 있는 거예요.

- 아크릴레이트 공중합체
- 폴리에틸렌 테레프탈레이트
- 실리콘

액체 플라스틱은 이것 외에도 아주 많아요. 그걸 다 어떻게 아냐고요? 걱정하지 말아요. 제품 안에 유해 성분이 얼마큼 들어 있는지 알려 주는 스마트폰 애플리케이션이 있거든요. 그렇다고 너무 믿지는 말고요. 최신 성분의 경우는 아직 실험을 하지 않아서 등급이 낮게 나올 수 있기 때문이에요. 그러니까 등급이 낮다고 모두 안전한 것은 아니에요.

도전! 플라스틱 덜 쓰는 교실

플라스틱은 세상 어디에나 있어요! 학교도 마찬가지고요. 플라스틱은 가볍고, 물에 잘 젖지 않는다는 특징이 있어요. 그래서 책가방뿐만 아니라, 그 안에 들어 있는 많은 것들도 플라스틱으로 만들어져 있지요. 누구나 가벼운 가방을 좋아하니까요!

바이오 플라스틱 통 사용하기

학교에 간식을 가져갈 때 어떤 용기를 사용하나요? 플라스틱으로 만든 제품을 많이 쓴다고요? 이참에 바이오 플라스틱으로 만든 통을 써 보는 건 어때요? 일반 플라스틱 못지않게 가볍고 견고하거든요. 더구나 생산 과정에서 가소제를 사용하지 않는 데다, 흙 속의 세균에 의해 분해되어서 환경에도 아주 좋아요. 밀랍과 천으로 작은 주머니를 만들어 보는 것도 좋겠네요. 밀랍 랩을 만드는 방법과 비슷한데요. 주머니는 바느질하는 과정을 더 거쳐야겠지요? 씻어서 사용하면 되니까 오랫동안 쓸 수 있지요. 스테인리스나 유리로 만든 통을 사용하는 것도 좋은 방법이에요. 약간 무겁긴 하지만요. 그 대신 더 건강한 제품이잖아요.

과일은 천 주머니에!

사과나 바나나를 통 말고 천으로 만든 주머니에 담으면 보관하기가 매우 쉬워요. 모양이 정해져 있지 않아서 공간을 적게 차지하거든요. 아주 가벼운 데다가 세탁해서 다시 사용할 수도 있지요. 하지만 물기가 있거나 축축한 것은 담을 수가 없답니다.

군것질 줄여 보기

학교 앞 편의점이나 슈퍼에 가면 군것질거리가 참 많지요? 과자, 사탕, 음료수, 빵, 초콜릿 등등 먹을 것 천지지요. 하지만 군것질을 해서 좋은 것은 기분뿐이랍니다. 단것을 많이 먹으면 이가 썩거나 살이 쪄서 몸에 해로워요. 몸에 꼭 필요한 영양소가 아니니까요. 게다가 비닐과 종이, 플라스틱 같은 쓰레기를 많이 만들게 되지요. 이참에 군것질을 줄여 보는 건 어떨까요?

책가방 속 환경 지킴이

플라스틱으로 만든 책가방은 튼튼해서 오랫동안 사용할 수 있어요. 그러니까 반드시 새로 살 필요는 없지요. 운이 좋으면 벼룩시장이나 바자회에서 꽤 쓸 만한 책가방을 고를 수도 있을 거예요. 언니나 누나, 오빠, 형이 있다면 사용하지 않는 것을 물려받을 수도 있고요. 나중에 여러분이 쓰던 것을 동생에게 물려줘도 되지요. 아, 그런데 책가방 안에는 어떤 것들이 들어 있을까요?

깎아 쓰는 형광펜이 있다고?

대부분의 펜은 플라스틱으로 만들어져요. 그래서 잉크가 나오지 않으면 쓰레기통에 버리게 되지요. 형광펜 중에는 연필처럼 깎아 쓸 수 있는 제품이 있답니다. 그런 제품은 끝까지 쓸 수 있겠지요?

길이를 재는 자도 나무나 금속으로 만든 제품을 사용하는 게 좋아요. 쉽게 부러지지 않아서 오래오래 쓸 수 있지요. 단, 잃어버리지만 않는다면요.

'PVC' 표시가 없는 지우개

지우개를 살 때는 천연고무로 만든 것인지 꼭 확인하도록 해요. 문구점에 가면 PVC(염화 비닐 수지)로 만든 지우개가 대부분이에요. PVC에는 석유와 가소제가 들어 있어서 건강에 아주 나빠요. 지우개로 지우고 난 뒤에 생겨나는 찌꺼기는 미세 플라스틱이랍니다. 깨끗이 모아서 쓰레기통에 버려야 해요.

이게 바로 재활용 딱풀!

딱풀의 뚜껑이나 몸통은 재활용 플라스틱으로 만드는 경우가 많아요. 환경을 위해 참 좋은 일이지요! 우리가 분리수거한 플라스틱 쓰레기로 새로운 것을 만드는 거니까요.

공책 표지에도 플라스틱이?

폐지로 만든 서류철을 본 적이 있나요? 색깔이 아주 다채로운 데다 매우 튼튼해서 재활용이란 걸 눈치채지 못할 수도 있어요.

요즘은 교과서에 커버를 씌우는 일이 드물지요? 무상 교육으로 누군가에게 교과서를 물려주거나 물려받을 일이 없으니까요. 게다가 요즘 교과서는 다 비닐로 코팅이 되어 있잖아요. 이 비닐 코팅에도 플라스틱이 들어가요. 그래서 다 쓰고 난 후에는 쓰레기통에 버려야 하지요. 공책도 마찬가지예요. 그러니까 플라스틱이나 비닐 코팅된 표지 말고 재활용할 수 있는 종이로 만든 공책을 사서 쓰도록 해요.

내가 먼저 앞장서서 재활용해요!

학교에서 친구들과 환경 동아리를 만들어 함께 활동해 보는 건 어떨까요? 다양한 색깔의 분리수거용 쓰레기통을 만드는 거예요. 예를 들어 유리는 녹색 통, 음식물 쓰레기는 갈색 통, 종이는 파란색 통, 플라스틱 포장은 노란색 통, 그리고 일반 쓰레기는 검정색 통에 넣게끔 말이지요. 또 버리는 펜을 모으는 수집 통을 따로 마련하는 것도 좋아요.

앞면만 사용한 종이를 모아 두었다가 다시 활용해 보는 건 어떨까요? 적당한 크기로 잘라 메모지로 사용하거나, 종이 접기 놀이를 할 때 사용할 수 있잖아요. 딱지를 접어서 친구들과 딱지치기를 하는 것도 재미있겠네요. 이렇게 보니까 재활용이 어렵거나 거창하게 느껴지지 않지요? 마음만 먹으면 누구나 할 수 있는 일이랍니다.

다 같이 실천해 봐요!

학교에서 쓰레기를 주워 보는 건 어때요? 전교생이 밖으로 나가서 쓰레기를 주우면 순식간에 끝나 버릴걸요. 쓰레기는 나무 울타리 사이나 관목 아래에 숨어 있는 경우가 많아요. 쓰레기통 주변에 흩어져 있는 경우도 있고요. 수거한 쓰레기를 모두 한 곳에 모은 다음, 종류별로 나누어 적절한 쓰레기통에 버려요. 쓰레기를 줍는 모습과 그 과정에서 생긴 일들을 글로 써서 학교 신문에 싣는 것도 보람 있는 일이겠지요?

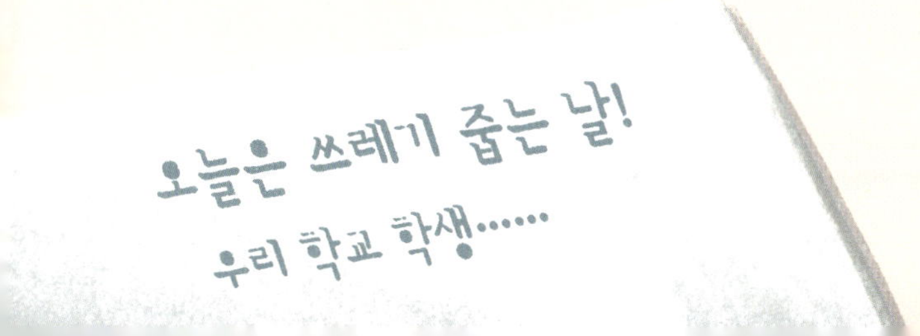

오늘은 쓰레기 줍는 날!
우리 학교 학생……

눈에 보이지 않는 위협, 미세 플라스틱

5밀리미터 이하의 아주 작은 플라스틱 입자를 '미세 플라스틱'이라고 불러요. 모래알보다 작아서 현미경으로 봐야 하는 것들도 많지요. 처음부터 미세 플라스틱으로 만들어지기도 하지만, 플라스틱 제품이 부서지면서 생겨나기도 한답니다. 미세 플라스틱은 우리가 날마다 사용하는 것들에서 떨어져 나오는 경우가 많아요.

샤워 젤, 샴푸, 크림, 세척제에는 미세 플라스틱이 많이 들어 있어요. 미세 플라스틱은 욕실의 배수구를 통해서 강으로 흘러들어요.
자동차가 달릴 때도 미세 플라스틱이 생겨나요. 네 개의 타이어가 굴러가면서 도로와 마찰하게 되는데요. 이때 아주 작은 고무 조각들이 떨어져 나와요. 이 고무 조각들이 공중으로 날아올라 사방으로 흩어지지요.

빨래를 하면 옷에서 작은 천 조각이 떨어져 나와요. 그 가운데 일부는 플라스틱으로 만들어졌지요. 그렇게 플라스틱 섬유는 생활 하수와 함께 하수 처리장으로 흘러 들어간답니다. 그런데 이렇게 작은 천 조각들은 걸러지지가 않아요. 하수 처리 시설을 거치면서 물이 다시 깨끗해진 것처럼 보이지만, 그 속에는 여전히 미세 플라스틱 조각들이 들어 있지요.

숲과 들판, 바다에서도 플라스틱 쓰레기를 쉽게 볼 수 있어요. 오랫동안 햇볕을 쬐거나 바닷물에 떠다니던 플라스틱은 시간이 지나면서 점점 눈에서 멀어져요. 바다 밑으로 가라앉기도 하고, 먼 곳으로 떠내려가기도 하니까요. 또 잘게 부서지기도 하지요. 그렇다고 해서 플라스틱이 완전히 사라진 것은 아니에요. 시간이 지날수록 더 작은 조각으로 나뉘거든요. 너무 작아 우리 눈에 보이지 않을 만큼요. 그렇게 자연 곳곳에 남아 있지요.

동물에게 치명적인 플라스틱

플라스틱은 동물에게 아주 위험한 물질이에요! 해마다 수백만 마리의 새와 수천 마리의 해양 동물이 플라스틱 때문에 죽어 가고 있어요.

앗, 빨대로 둥지를?

새들은 둥지를 지을 때 나뭇가지와 풀을 모아요. 그런데 요즘은 비닐이나 빨대와 같은 플라스틱을 사용해서 둥지를 짓고 있답니다. 나뭇가지나 풀로 착각하기 때문이에요.

비닐봉지를 해파리로 착각한다고?

거북이 가장 좋아하는 음식은 해파리예요. 그런데 종종 비닐봉지를 해파리로 착각해 먹는다지요.

배 속에 플라스틱이 가득!

동물이 플라스틱을 먹으면 배가 아파요. 플라스틱은 위에서도 녹지 않거든요. 그러다 어느 순간 동물들의 배가 플라스틱으로 가득 차게 되어요. 더 이상 어떤 것도 먹을 수 없게 되지요. 결국 굶어 죽게 된답니다.

버려진 그물에 걸려서

고기 잡는 그물이 망가지면 바다에 버리는 경우가 많아요. 사람들은 그런 그물을 '유령 그물'이라고 부른다지요. 망가진 그물이 물속에서 유령처럼 떠다니기 때문이래요. 수많은 물고기와 고래가 그런 유령 그물에 걸려서 옴짝달싹 못 하다가 숨이 막힌 채 죽어 가고 있어요.

플라스틱 없는 세상을 꿈꾸며

이제 집과 학교에서 플라스틱 쓰레기를 어떻게 줄일 수 있는지 알겠지요? 그런데 식당에 가거나 휴가를 떠날 때도 있잖아요. 그때 쓰레기를 조금이라도 덜 만들려면 어떻게 해야 할까요?

식당에서도 플라스틱 쓰레기를 줄일 수 있어요!

음식 양이 너무 많아서 다 먹을 수 없을 때가 있지요? 그래도 걱정 말아요. 남은 음식을 집으로 가져가 다음 날 먹으면 되니까요. 이럴 때를 대비해 빈 통을 미리 챙겨 가는 건 어떨까요?

패스트푸드 음식점 사절!

햄버거 가게에 한 번쯤 가 본 적이 있을 거예요. 그런 곳을 패스트푸드 음식점이라고 불러요. '패스트푸드'는 주문하면 즉시 나와 빨리 먹을 수 있는 음식을 말해요. 빠른 만큼 쓰레기를 많이 만들어 내고 있지요. 햄버거를 감싸거나 감자튀김을 담은 종이봉지, 케첩용 작은 비닐, 일회용 포크와 숟가락…….

그런 음식점은 최대한 방문하지 않는 것이 좋아요. 패스트푸드는 건강에도 썩 좋지 않거든요. 그래도 햄버거가 꼭 먹고 싶다면? 접시에 담겨 나오는 곳을 찾아봐요. 흔히 수제 햄버거 가게라고들 하지요. 그런 음식점이라면 쓰레기를 만들지 않고 맛있게 먹을 수 있을 거예요. 집에서 햄버거를 직접 만들어 먹는 것도 좋고요.

아이스크림은 와플이나 콘에!

쓰레기를 만들지 않고 아이스크림을 먹는 방법이 있어요. 와플이나 콘에 담아 먹는 거예요. 그러면 플라스틱 용기와 숟가락을 사용하지 않아도 되지요. 두꺼운 종이로 만든 컵도 재활용되지 않기는 마찬가지예요. 모두 다 우리의 자연과 환경을 오염시킨답니다.

플라스틱 빨대 그만!

우리나라에서는 카페나 식당에서 플라스틱 빨대를 사용하지 못하게 하고 있어요. 대신에 종이로 만든 빨대나 대나무로 만든 빨대를 제공하지요. 곰곰 생각해 보면, 음료를 마실 때 빨대가 꼭 있어야 하는 건 아니에요. 빨대 없이도 얼마든지 음료를 마실 수 있잖아요.

환경의 또 다른 적, 교통수단

쓰레기만 환경에 나쁜 게 아니에요. 자동차, 기차, 배, 비행기 등 사람이나 짐을 실어 나르는 교통수단도 환경에 해롭지요. 자동차는 우리가 마시는 공기를 오염시켜요. 자동차 타이어는 미세 플라스틱을 내놓고요.

유람선은 커다란 굴뚝으로 유독 가스를 내뿜는 데다 너무 큰 소리를 내어서 고래가 길을 찾을 수 없게 만들어요. 고래는 음파를 만들어 대화를 하는데, 배가 내는 소음 때문에 서로의 소리를 듣기가 어렵다지요. 그 바람에 수없이 많은 고래가 육지로 떠밀려 와 죽어 가고 있어요. 비행기가 내는 소음도 무지 시끄러워요. 하늘을 날아갈 때 꽁무니로 유해 물질을 뿜어내 공기를 오염시키기도 하지요.

환경을 지키기 위해서는 걷는 것이 가장 좋은 방법이에요. 천천히 걸으면서 신선한 공기를 마실 수 있는 데다, 환경에는 아무런 부담을 주지 않으니 일석이조라고 할까요? 자전거를 타는 것도 좋은 방법이에요. 몸에 해로운 배기가스를 내뿜지 않거든요. 거리가 너무 멀어서 걷거나 자전거를 타기가 어렵다고요? 그럴 때는 버스나 지하철 같은 대중교통 수단을 이용해 봐요. 그만큼 환경 오염을 줄일 수 있어요.

눈을 돌려 자연을 살펴볼까요?

숲과 들판에는 놀 거리가 많아요. 온갖 모양의 나뭇가지와 나뭇잎, 이끼, 돌들이 있지요. 그것들을 가지고 만들기 놀이를 해 보는 거 어때요? 무지 신나고 재미있겠지요?

이상 기온으로 꿀벌이 사라진다고?

꿀벌은 사람과 자연에게 없어서는 안 될 만큼 아주 중요한 존재랍니다. 꿀벌이 꽃에 내려앉을 때마다 몸통과 발에 꽃가루를 잔뜩 묻혀요. 그러다 다른 꽃으로 날아가 앉게 되면, 몸에 묻어 있던 꽃가루가 자연스레 떨어지게 되지요. 이런 과정을 '수분'이라고 한답니다.

꿀벌이 이 일을 멈추면 더 이상 새로운 식물이 자라지 못해요. 벌이 없으면 결국 과일이나 채소도 자랄 수 없거든요. 아름다운 꽃도 더 이상 피어나지 않고요. 그런데 꿀벌은 온도에 매우 민감한 동물이에요. 최근에 이상 기후로 그 수가 빠르게 줄어들고 있다지요?

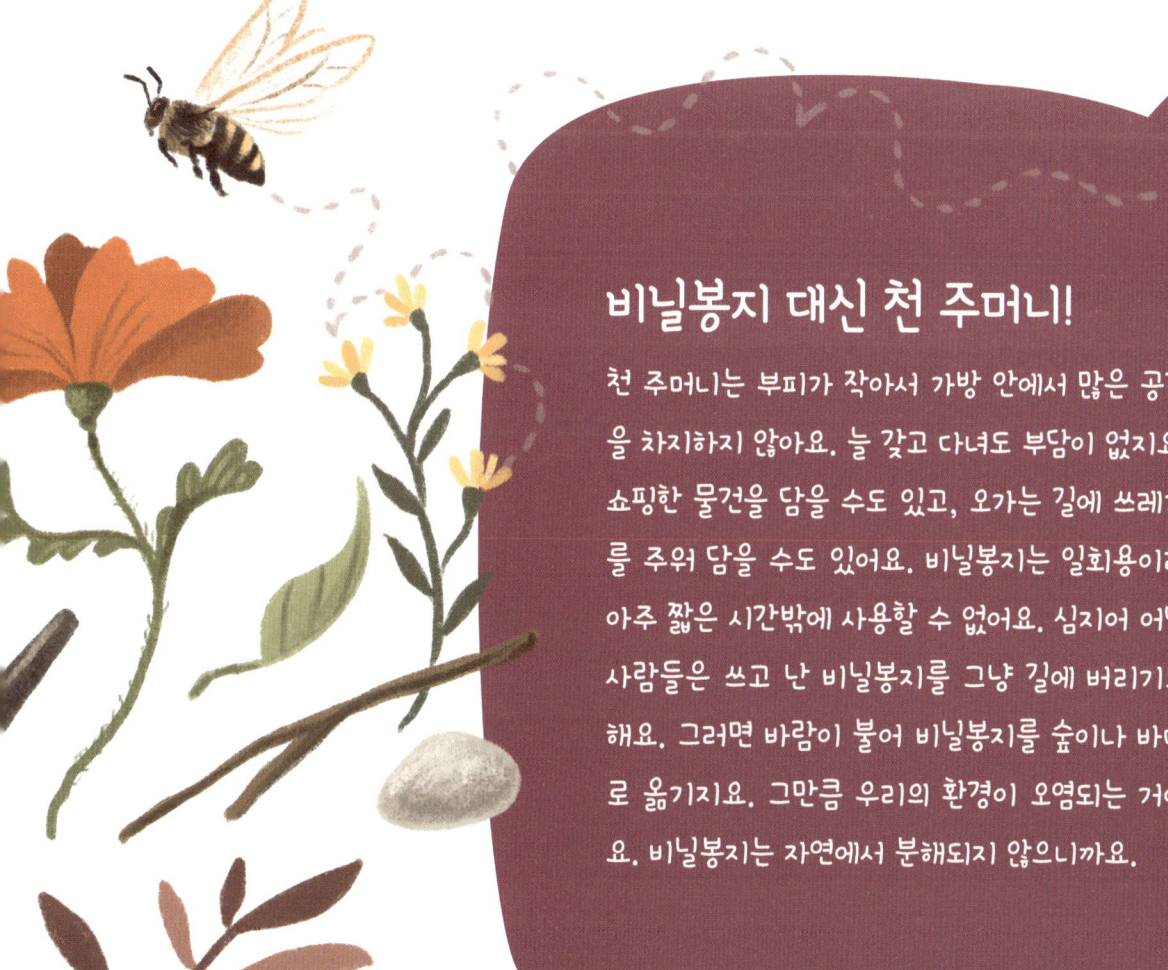

비닐봉지 대신 천 주머니!

천 주머니는 부피가 작아서 가방 안에서 많은 공간을 차지하지 않아요. 늘 갖고 다녀도 부담이 없지요. 쇼핑한 물건을 담을 수도 있고, 오가는 길에 쓰레기를 주워 담을 수도 있어요. 비닐봉지는 일회용이라 아주 짧은 시간밖에 사용할 수 없어요. 심지어 어떤 사람들은 쓰고 난 비닐봉지를 그냥 길에 버리기도 해요. 그러면 바람이 불어 비닐봉지를 숲이나 바다로 옮기지요. 그만큼 우리의 환경이 오염되는 거예요. 비닐봉지는 자연에서 분해되지 않으니까요.

다 같이 실천해 봐요!

이번에는 가족과 함께해 볼까요? 자, 여행 계획을 짜 보는 거예요. 여행을 하는 동안 그곳에 사는 사람들과 환경에게 관심을 기울여 봐요. 어떻게 하냐고요? 다음과 같이 해 보면 조금도 어렵지 않을 거예요.

1. 비행기를 타지 않고 할 수 있는 여행을 계획해 봐요! 비행기가 날아갈 때 이산화 탄소가 아주 많이 생겨나거든요. 그런 의미에서 기차를 타는 것이 더 좋아요. 자동차 한 대로 이동한다고 해도 기차를 탈 때보다 더 많은 에너지를 사용하게 되니까요.

2. 되도록이면 작은 규모의 호텔과 식당을 방문해요! 소규모 상점이나 식당, 호텔은 그 지역의 농부가 직접 농사를 짓거나 물품을 만드는 경우가 많아요. 그런 물품을 바로 구매하면 상품을 멀리까지 운송할 필요가 없어요. 그 밖에도 그 지역의 사람들이 그렇게 번 돈으로 가족과 행복한 생활을 누릴 수 있겠지요.

3. 우리나라에도 멋진 바닷가 모래사장과 아름다운 호수, 산책을 즐길 수 있는 산들이 많이 있어요. 외국이 아니라 국내에서 휴가를 보내는 것도 좋은 방법이에요. 오가는 길이 그리 멀지 않기 때문에 기차를 타고 갈 수 있어요. 기차는 자동차에 비해 훨씬 적은 양의 이산화 탄소를 배출하니까, 에너지도 아끼고 환경도 보호할 수 있지요.

이산화 탄소가 기후를 바꿔요!

이산화 탄소(CO_2)가 뭐예요?

자동차, 배, 그리고 비행기는 움직일 때 이산화 탄소를 내뿜어요. 공장과 발전소는 말할 것도 없지요. 심지어 집에서 난방용 보일러를 돌려도 많은 양의 이산화 탄소가 발생한답니다. 이산화 탄소가 뭐길래, 환경에 그렇게 나쁘다고 하는 걸까요?

이산화 탄소는 눈에 보이지도 않고, 코로 냄새를 맡을 수도 없는 기체랍니다. 사실 이산화 탄소 자체가 나쁜 건 아니에요. 나무들은 이산화 탄소가 없으면 살 수가 없거든요. 나무는 이산화 탄소를 빨아들인 다음에 산소로 바꿔서 내뿜어요. 산소는 우리가 숨을 쉬는 데 꼭 필요한 기체지요. 그래서 숲에 가면 기분이 상쾌해지는 거예요. 그만큼 공기가 맑기 때문이랍니다.

세상 모든 것이 다 그러하듯, 이산화 탄소도 너무 많으면 위험해져요. 나무들이 미처 빨아들이지 못한 이산화 탄소는 대기 중에 떠 있게 되는데, 그 양이 너무 많아지면 대기층이 뜨거워지거든요. 그러면 여름철에 무지무지 더운 이상 고온이나 강력한 폭풍을 몰고 오는 등 비정상적인 날씨 변화를 일으키게 되어요. 이런 걸 '이상 기후'라고 해요.

누가 누가 이산화 탄소를 많이 내뿜을까요?

세탁기, 자동차, 히터 등 우리가 사용하는 것들은 거의 모두 이산화 탄소를 내뿜어요. 그러면 이것들의 이산화 탄소 배출량은 얼마나 될까요? 그걸 알기 위해서는 제조 방법과 운송 경로, 소비 전력량, 배기가스, 물품의 사용 시간과 같은 많은 요소를 모두 파악해야 해요. 그러면 이번에는 기후에 가장 해가 되는 요인이 무엇인지 한번 살펴볼까요?

1. 전자 제품에는 에너지가 필요해!

난방용 보일러가 돌아가고 수도꼭지에서 뜨거운 물이 나오려면 에너지가 있어야 해요. 텔레비전을 보고, 휴대폰을 충전하고, 세탁기를 돌리는 데도 많은 양의 전기가 필요하지요. 하지만 뭐니 뭐니 해도 가장 많은 에너지를 사용하는 건 바로 인터넷이에요. 인터넷이 계속해서 돌아가게 만드는 슈퍼컴퓨터를 켜기 위해서는 엄청난 양의 전기가 필요하거든요.

2. 과일을 키우는 데도 이산화 탄소가?

우리가 먹는 식료품을 생산하는 것도 기후에 해를 미쳐요. 사람들이 즐겨 먹는 고기를 생산하기 위해서 수많은 가축들이 거대한 우리에 갇혀서 자라거든요. 가축들은 주로 물과 사료를 먹는데, 대부분은 먼 나라에서 수입해 오지요.

한편, 과일과 채소를 재배하기 위해서는 아주 넓은 땅이 필요해요. 곡물을 재배하기 위해서 논밭을 일구고, 일 년 내내 신선한 토마토를 먹기 위해 비닐하우스를 이용하지요. 배나 포도, 사과 등의 과일이 자라는 과수원을 운영하기도 하고요.

또, 가구나 종이를 생산하려면 아주 많은 양의 나무가 있어야 해요. 그래서 수많은 나무들이 베어지고 있지요. 나무는 기후를 유지하는 데 아주아주 중요한 역할을 한답니다. 이산화 탄소를 마셔서 저장한 뒤 산소를 배출하기 때문이에요.

공장에서 유해 물질이?

장난감, 텔레비전, 자동차, 주방 용품, 옷 등 우리가 사용하는 거의 모든 것이 공장에서 생산되고 있어요. 공장에서는 엄청난 양의 유해 물질과 이산화 탄소를 뿜어내지요. 그것들이 바로 기후 변화를 일으키는 주범이에요.

지구 대기층에 쌓여 있는 이산화 탄소는 지구 표면을 점점 더 따뜻하게 데워요. 그래서 빙하 지역, 그리고 남극과 북극의 얼음을 녹게 하지요. 그렇게 녹은 얼음물은 바다로 흘러 들어가는데, 그만큼 바닷물이 많아져서 해수면이 올라가요. 그러니까 바닷물의 높이가 자꾸 높아지는 거예요. 그 바람에 섬들이 바닷물에 잠기게 되면서 사람들이 더 이상 살 수 없게 되지요. 바닷물이 넘치면 소금기 때문에 그 근처의 식물들도 말라 죽어요. 그렇게 해서 사람들이 살아가는 생활 공간이 죽은 땅으로 서서히 바뀐답니다.

지금이라도 이산화 탄소를 줄여야 해요! 이대로 가다가는 지구 온난화로 인해 되돌릴 수 없는 상황에 처할지도 몰라요. 무엇보다도 한번 나빠진 기후는 원래 모습으로 절대 돌아올 수 없거든요.

이산화 탄소 줄이기, 우리도 할 수 있어요!

이산화 탄소의 배출량을 줄이는 일은 누구나 할 수 있어요. 집에서도 할 수 있거든요. 기억해야 할 일은 단 하나, 관심을 갖고 실천하는 거예요.

1. 딸깍! 불 끄기

방에서 나갈 때는 전등 스위치를 꼭 끄도록 해요. 그러면 전기를 절약할 수 있어요! 형광등이나 일반 전구 대신, LED 조명처럼 에너지 절약형 전등을 사용하면 전기를 더 아낄 수 있어요.

2. 보일러 켤 때는 창문 꼭 닫기

하루에 적어도 한 번씩은 방을 환기시키는 게 건강에 좋아요. 겨울철에도 마찬가지고요. 단, 창문을 열어 두고 있을 때는 난방 장치나 히터를 끄도록 해요. 안 그러면 에너지가 창밖으로 나갈 테니까요.

3. 고기 덜 먹기

고기를 덜 먹으면 그만큼 사육되는 동물의 수가 줄어들 거예요. 사료를 생산하거나 우리를 관리하는 데 드는 에너지도 줄일 수 있어요. 고기 대신 유제품과 달걀만 먹는 채식주의자는 1년에 약 160킬로그램 정도의 이산화 탄소를 절약한다고 해요. 또 우유와 달걀을 포함해 동물성 제품은 전혀 먹지 않고, 채소나 과일 따위의 식물성 음식만을 먹는 완전한 채식주의자(비건)는 연간 670킬로그램 이상의 이산화 탄소를 절약한다지요.

4. 물건 자주 사지 않기

무언가를 사지 않는 것은 그만큼의 이산화 탄소를 절약하는 셈이에요. 그러니 새 물건이나 멋진 장난감은 가끔씩만 사는 것이 좋겠지요. 장난감에 쉽게 싫증 내지 말고 오래오래 갖고 놀수록 이산화 탄소를 줄이는 데 도움이 돼요.

5. 쓰레기 분리수거 실천하기

아무리 노력해도 쓰레기는 생겨날 수밖에 없어요. 쓰레기를 제대로 분리해서 버리는 것만으로도 이산화 탄소 배출량을 확 줄일 수 있답니다. 그렇게 하면 쓰레기가 제대로 재활용되어서 환경에 주는 부담을 덜 수 있거든요.

지구가 점점 더 뜨거워져요!

이제 어디서나 기후 변화에 대해 이야기하고 있어요. 신문 기사나 텔레비전의 뉴스 시간에도 빠짐없이 나오고, 학교나 집에서도 기후 변화는 빠지지 않는 주제가 되었지요. 여름은 점점 더워지는 데다 태풍과 홍수가 잦아졌답니다.

기후 변화는 지금껏 늘 있어 왔던 일이에요. 그러나 지구가 따뜻해지면서 기후 변화가 예전보다 더 자주, 그리고 더 강력해지고 있어요. 기후 변화는 우리 삶에 큰 영향을 주어요. 우리가 그런 사실을 눈치채지 못하고 있다고 해도 말이지요.
비가 너무 적게 내리면 농부들은 농사를 짓기가 힘들어요. 곡식과 과일, 채소는 물이 충분하지 않으면 제대로 자라지 못하거든요. 그만큼 수확량이 줄어들게 되는데, 그건 곧 우리가 먹을 식량이 부족해진다는 뜻이에요. 이렇듯 기후는 우리 삶에 아주 큰 영향을 미치기 때문에 미리미리 보호해야 해요.

날씨는 어떻게 생겨날까요?

지구는 하나의 공기층으로 둘러싸여 있는데, 이 공기층을 가리켜 '대기'라고 불러요. 태양 빛이 비치면 대기 안에서 날씨를 구성하는 여러 가지 변화가 일어나지요.

태양이 수면에 내리쬐면 온도가 올라가면서 물이 증발해요. 이 물이 수증기가 되어 공기 중으로 높이 올라갔다가 다시 차갑게 식어요. 수증기는 아주 작은 물방울들로 이루어져 있는데, 이 물방울들이 서로 맞부딪치면서 구름이 생겨나지요. 구름이 너무 무거워져 더 이상 떠 있지 못하게 되면 비가 되어 땅으로 떨어진답니다.

이상 기후의 주범, 지구 온난화

기후는 날씨와 아주 가까운 친척이에요. 하지만 날씨처럼 그렇게 빨리 변하지는 않는답니다. 일정한 지역에서 여러 해에 걸쳐 평균적으로 나타나는 날씨를 '기후'라고 해요.

우리나라나 유럽보다는 사막이 훨씬 더 뜨겁지요. 열대 우림 지대는 매우 습하고 덥고요. 이처럼 기후는 세계 여러 곳에서 저마다 아주 다르게 나타난답니다. 그리고 기후가 계속해서 바뀌는 것은 지극히 정상적인 일이에요.

공장, 자동차, 비행기, 선박, 동물(동물이 방귀를 뀌면 가스가 발생하거든요.)이 배출하는 배기가스는 공기를 오염시켜요. 이산화 탄소를 내뿜기 때문이지요.

메탄   이산화 탄소   물   이산화

온실 효과가 뭐야?

태양은 지구의 표면을 비추면서 온기를 퍼뜨려요. 이때 온기를 퍼뜨린 태양 빛이 다시금 대기로 반사되지요. 대기 중의 온실 가스는 태양 빛의 일부를 차단해서 우주로 빠져나가는 것을 막아요. 이렇게 해서 남게 된 태양 빛이 다시 내려오면서 지구의 온도를 높이는 거예요.

오존

물 메탄 이산화 탄소 물 이산화 탄소 메탄
이산화 탄소 이산화 탄소 이산화 탄소
메탄 메탄 메탄
이산화 탄소 이산화 탄소

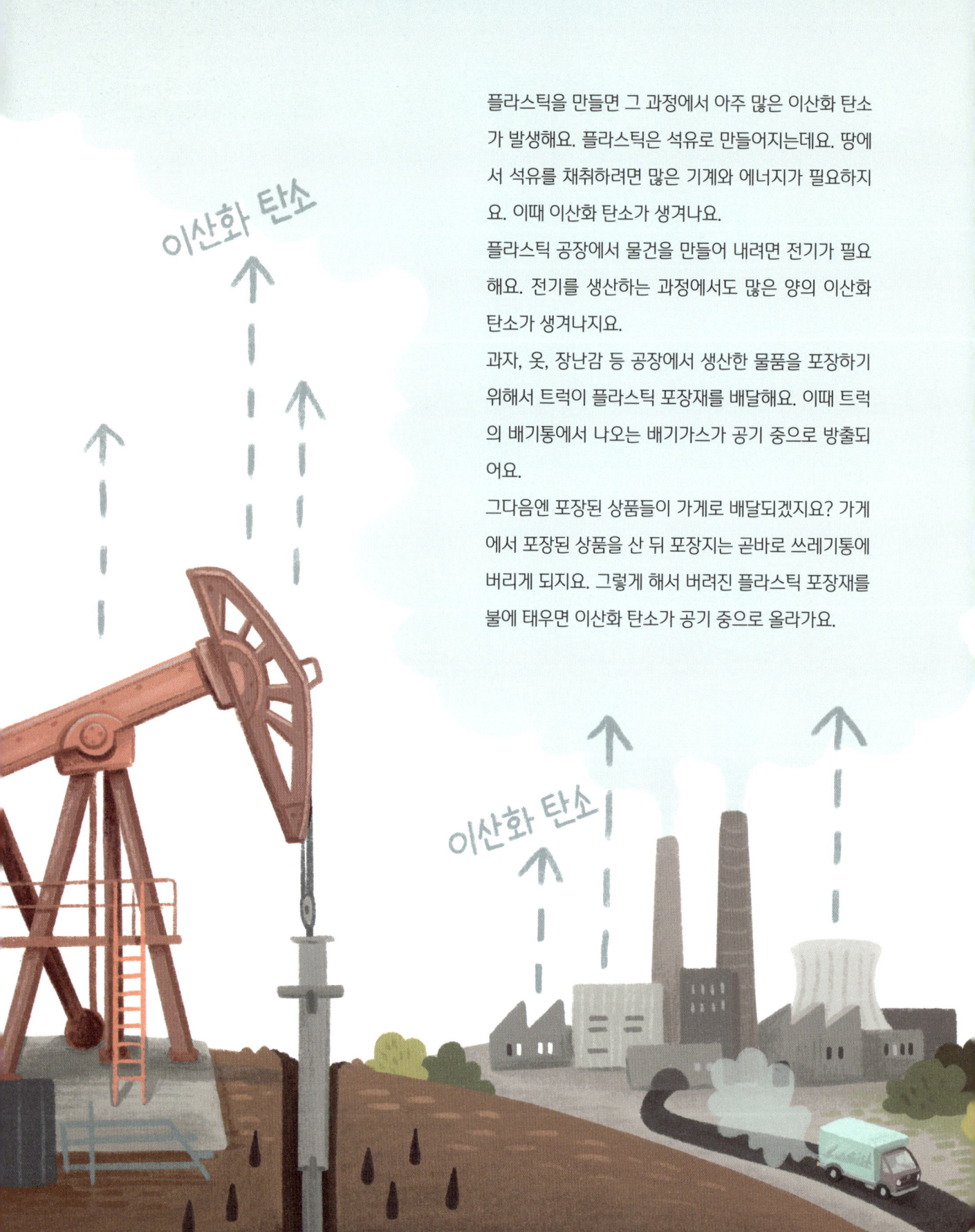

플라스틱을 만들면 그 과정에서 아주 많은 이산화 탄소가 발생해요. 플라스틱은 석유로 만들어지는데요. 땅에서 석유를 채취하려면 많은 기계와 에너지가 필요하지요. 이때 이산화 탄소가 생겨나요.

플라스틱 공장에서 물건을 만들어 내려면 전기가 필요해요. 전기를 생산하는 과정에서도 많은 양의 이산화 탄소가 생겨나지요.

과자, 옷, 장난감 등 공장에서 생산한 물품을 포장하기 위해서 트럭이 플라스틱 포장재를 배달해요. 이때 트럭의 배기통에서 나오는 배기가스가 공기 중으로 방출되어요.

그다음엔 포장된 상품들이 가게로 배달되겠지요? 가게에서 포장된 상품을 산 뒤 포장지는 곧바로 쓰레기통에 버리게 되지요. 그렇게 해서 버려진 플라스틱 포장재를 불에 태우면 이산화 탄소가 공기 중으로 올라가요.

친환경 장난감 만들기

플라스틱으로 만든 물건들은 어렵지 않게 다른 것으로 대체할 수 있어요. 그중 어떤 것들은 직접 만들어 볼 수도 있답니다. 자, 한번 도전해 볼까요? 플라스틱 없는 세상을 만드는 데 크게 도움이 될 거예요!

만드는 방법

다 같이 실천해 봐요!

여러분이 직접 만들 수 있는 멋진 장난감들이 아주 많아요. 집에서 시간을 보낼 때 하기 좋은 활동이기도 하고요. 물론 여러분이 만든 것을 친구에게 선물로 줄 수도 있겠지요. 자, 한번 시작해 볼까요?

주의 사항

시작하기 전에 먼저 부모님께 허락을 구해야 해요. 그러면 부모님이 재료를 구해 줄 뿐 아니라, 반죽하는 것까지 기꺼이 도와줄 거예요.

조물락조물락 슬라임

세상 그 무엇보다도 끈적거리고 미끈거리는 슬라임을 만들어 보는 거 어때요? 길게 늘어뜨릴 수도 있고, 한 덩어리로 뭉칠 수도 있어요. 식용 색소를 넣으면 무지개 색깔 슬라임도 만들 수 있지요.

준비물

- 옥수수 전분(녹말가루) 2큰술
- 식용 색소 1작은술
- 주방 세제 4큰술

순서대로 따라 해 봐요!

1. 속이 움푹 파인 큰 그릇에 옥수수 전분을 부어요.
2. 전분에 식용 색소를 뿌려요.
3. 주방 세제를 넣은 다음 고루 섞이도록 숟가락으로 잘 저어요.
4. 평평한 판 위에 옥수수 전분을 살짝 뿌린 후, 슬라임 반죽을 올려놓아요.
5. 두 손에 옥수수 전분을 살짝 묻힌 다음, 슬라임 덩어리를 오래오래 반죽해요. 반죽이 손에 달라붙으면 옥수수 전분을 더 묻혀 가며 주무르기를 계속해요. 반죽이 마른 것 같으면 주방 세제를 한 방울 뿌려요.

도움말

집에 식용 색소가 없다고요? 그러면 원하는 색깔의 크레용을 잘게 빻은 뒤, 슬라임 덩어리에 넣고 반죽해도 괜찮아요. 완성된 슬라임은 유리그릇이나 깨끗한 통에 넣고 뚜껑을 꼭 닫아야 딱딱하게 굳지 않아요. 슬라임을 갖고 놀 때는 옥수수 전분을 손에 살짝 묻혀요. 아, 슬라임이 굳었다고요? 그럴 땐 주방 세제를 한 방울 뿌려 주어요. 금방 말랑해질 거예요. 직접 만든 슬라임은 약 2주 동안 가지고 놀 수 있어요. 2주가 지나면 어떡하냐고요? 새로 만들어야지요.

반짝반짝 마법 모래

비가 오거나 추운 날에는 밖에 나가 놀 수가 없어 속상하지요? 모래 놀이터를 집 안으로 옮겨 오는 거 어때요? 그게 가능하냐고요? 당연하죠. 마법 모래만 있으면 되거든요. 마법 모래는 끈적거리지 않아서 손에 들러붙지도 않는 데다, 어떤 모양이든 쉽게 만들 수 있어요. 잘 덮어 두면 몇 주 동안 보관할 수도 있고요.

준비물

- 밀가루 500그램
- 식용유(샐러드 오일) 150밀리리터
- 식용 색소 몇 방울

순서대로 따라 해 봐요!

1. 커다란 그릇과 믹서를 준비해요.
2. 주방용 저울과 계량컵으로 재료의 무게를 각각 재어요.
3. 그릇에 밀가루와 식용유, 식용 색소를 한꺼번에 넣어요.
4. 모든 재료가 잘 섞일 때까지 믹서로 저어요.

잘했어요! 이제 마법 모래가 완성되었네요!

보글보글 거품 입욕제

거품 입욕제는 색깔이 아주 예쁘고 다양해요. 물에 들어가면 부글부글 거품이 나며 녹지요. 거품 속에서 목욕을 하면 얼마나 재미있는데요! 입욕제를 직접 만들어서 친구에게 선물해 볼까요? 큰 그릇과 머핀 틀, 유산지, 믹서가 필요해요. 머핀 틀이 없다고요? 쿠키 만들 때 쓰는 모양 틀(쿠키 커터)을 사용해도 괜찮아요.

준비물

- 베이킹 소다 200그램
- 구연산 100그램
- 옥수수 전분 25그램
- 식용유 10큰술

순서대로 따라 해 봐요!

1. 큰 그릇과 믹서를 준비해요. 머핀 틀에 유산지를 깔아요.
2. 모든 재료를 저울로 무게를 달아 정해진 양만큼 그릇에 넣어요.
3. 믹서로 재료를 골고루 섞어요.
4. 머핀 틀 안에 반죽을 채워 넣어요.
5. 반죽이 단단해지도록 4일 동안 공기가 통하는 곳에 두어요.

도움말

색깔을 내려면 어떻게 하냐고요? 반죽할 때 식용 색소나 빨간색 비트 가루를 약간 넣어요. 자, 이제 즐겁게 목욕하러 갈까요?

알록달록 크리스마스트리 장식

크리스마스트리에 걸 장식을 직접 만들어 볼까요? 아, 불과 냄비를 사용해야 하니까, 부모님께 먼저 허락을 받아요!

준비물

- 커피 잔 1개
- 베이킹 소다 1컵
- 옥수수 전분 1/2컵
- 물 1/2컵
- 쿠키 커터
- 밀대

순서대로 따라 해 봐요!

1. 작은 냄비에 모든 재료를 넣어요.
2. 냄비를 불 위에 올리고 센 불로 끓여요. 으깬 감자처럼 단단한 덩어리가 될 때까지 잘 저어요.
3. 불을 끄고 반죽을 식히면 끝!

다양한 모양을 만들어 볼까요?

1. 반죽 덩어리를 여러 개로 나눈 다음에 손으로 주물러요.
2. 밀대로 반죽을 각각 5밀리미터 두께로 밀어요.
3. 쿠키 커터로 별, 하트, 토끼, 눈사람, 작은 나무 등의 모형을 찍어 내요.
4. 갖가지 모형 위쪽에다 실을 묶어 매달 수 있도록 구멍을 뚫어요. 구멍을 뚫을 때는 빨대나 뜨개질 바늘을 사용하는 게 좋아요.

장식이 단단히 굳을 때까지 이틀 동안 공기가 통하는 곳에서 말려요. 그다음에 물감이나 사인펜으로 그림을 그리거나 색을 칠하면 완성!

도움말
반죽이 약간 마른 것처럼 느껴진다면, 젖은 손으로 주물러 주어요. 대신에 물을 아주 조금만 묻혀야 해요!

통조림 캔 소품 만들기

통조림 캔에도 플라스틱이 숨어 있다는 사실을 알고 있나요? 통조림 캔의 바깥 부분은 금속으로 만들어졌어요. 그런데 안쪽을 살피면 흰색 층이 보이지요? 그 부분이 바로 플라스틱이에요. 집에서 개나 고양이를 키운다면 통조림 캔이 많이 버려질 거예요. 우리가 먹는 음식물도 캔에 담겨 있는 경우가 꽤 있고요. 이참에 캔을 활용해서 아주 멋진 걸 만들어 보면 어떨까요?

하나 둘 셋, 캔 맞히기 게임

이 놀이는 마당이나 정원에서 하는 게 좋아요. 캔을 잘 헹군 다음, 차곡차곡 쌓아 올려요. 처음에는 네 개를 나란히 놓은 다음에 세 개를 그 위에 올려요. 세 번째 단에는 두 개, 그리고 마지막으로는 한 개만 올릴 수 있겠네요. 이제 테니스 공으로 쌓아 놓은 캔을 맞혀 봐요. 더 많이 쓰러뜨리는 사람이 이기는 거예요. 친구들과 함께해 보는 거 어때요?

알록달록 연필꽂이

빈 깡통에 색을 칠하거나 종이를 오려 붙이면, 아주 멋진 연필꽂이를 만들 수 있어요. 보기에 좋고, 쓰레기도 줄이고, 책상도 깔끔하게 정리되니, 그야말로 일석삼조네요!

옹기종기 예쁜 화분

크고 작은 캔으로 화분을 만들어 봐요. 캔 화분에서도 꽃이나 허브, 채소가 잘 자라거든요. 캔을 화분으로 사용하기 위해서는 캔 바닥에 구멍을 몇 개 뚫어야 해요. 그래야 물이 잘 빠져서 뿌리가 썩지 않거든요. 그다음에는 조약돌을 맨 밑에 깔아요. 그 위에 거름흙을 채운 뒤 씨앗을 심으면 돼요.

누구나 녹색 영웅이 될 수 있어요!

이 책을 읽으면서 플라스틱에 관해 많은 것을 알게 되었지요? 더 많은 것을 알고 싶다면, 선생님께 플라스틱과 환경 보호에 대해 토론할 수 있는 시간을 갖자고 건의해 봐요. 그러면 친구들과 함께 플라스틱 사용을 줄일 수 있는 훌륭한 아이디어를 나눌 수 있을 거예요.

푸른숲 생각 나무 20

도전! 플라스틱 제로

첫판 1쇄 펴낸날 2022년 3월 21일
3쇄 펴낸날 2023년 5월 31일

지은이 나디네 슈베르트
그린이 잉카 비그 **옮긴이** 김완균
발행인 김혜경 **편집인** 김수진
주니어 본부장 박창희
편집 진원지 강정윤 조승현
디자인 전윤정 김혜은
마케팅 최창호 임선주
경영지원국 안정숙
회계 임옥희 양여진 김주연
인쇄 신우인쇄 **제본** 신우북스

펴낸곳 (주)도서출판 푸른숲
출판등록 2003년 12월 17일 제2003-000032호
주소 경기도 파주시 심학산로 10, 우편번호 10881
전화 031) 955-9010 **팩스** 031) 955-9009
홈페이지 www.prunsoop.co.kr **인스타그램** @psoopjr
이메일 psoopjr@prunsoop.co.kr

ⓒ 푸른숲주니어, 2022
ISBN 979-11-5675-326-1 74500
　　　979-11-5675-030-7 (세트)

- 잘못된 책은 구입하신 서점에서 바꾸어 드립니다.
- 본서의 반품 기한은 2028년 5월 31일까지입니다.
- KC 마크는 이 제품이 공통안전기준에 적합하였음을 의미합니다.
- 던지거나 떨어뜨려 다치지 않도록 주의하세요.

Grüne Helden : Ohne Plastik geht es auch
Written by Nadine Schubert, illustrated by Inka Vigh
Copyright ⓒ 2020 by Magellan GmbH & Co.KG, Bamberg, Germany
Korean Translation Copyright ⓒ 2022 by Prunsoop Publishing Co., Ltd.
All rights reserved.

This Korean translation published by arrangement with Magellan GmbH & Co.KG through Momo Agency, Seoul.

이 책의 한국어판 저작권은 모모 에이전시를 통해 Magellan GmbH & Co.KG사와 독점 계약한 (주)도서출판 푸른숲에 있습니다.
저작권법에 의해 한국 내에서 보호를 받는 저작물이므로 무단 전재와 무단 복제를 금합니다.